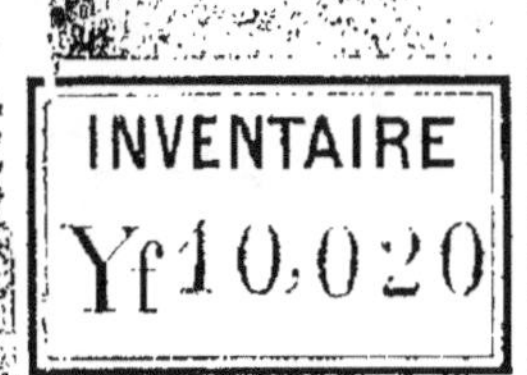

LE

CONGRÈS DE LA PAIX

COMÉDIE DE MARIONNETTES

par

MARC-MONNIER

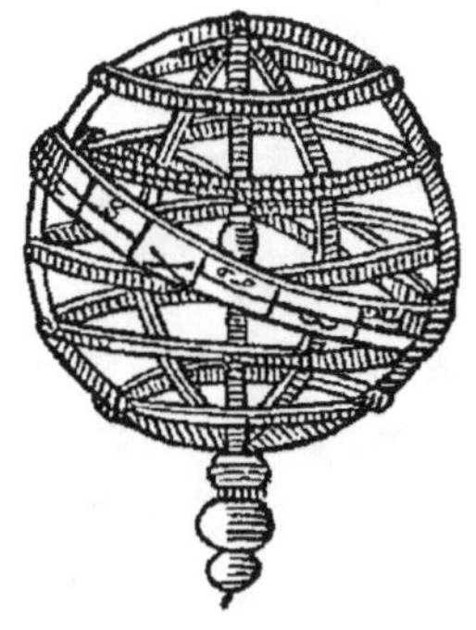

GENÈVE
F. RICHARD
rue du Rhône 56,

PARIS
A. LEMERRE
Passage Choiseul, 47

1871

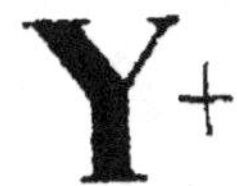

LE

CONGRÈS DE LA PAIX

COMÉDIE DE MARIONNETTES

par

MARC-MONNIER

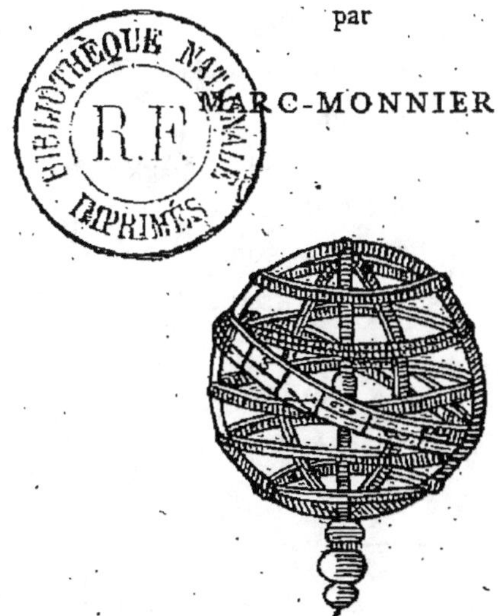

GENÈVE
F. RICHARD
rue du Rhône 56,

PARIS
A. LEMERRE
Passage Choiseul, 47

1871

PERSONNAGES

MARS, dieu des armées.
PANCRACE.
IGNACE.
CHICANEAU.
L'INTIMÉ.
ARGAN.
PURGON.
ARNOLPHE.
AGNÈS.
GEORGE DANDIN.
CLITANDRE.
CARTOUCHE.
LAZARE.
MILLION.
ROBERT MACAIRE.
MARAT.
JEAN-JACQUES.
M. PRUDHOMME.
CATON L'ANCIEN.
COBDEN.
LA MÈRE DES GRACQUES.
UN BIJOUTIER.
UN ORATEUR.
LE BOURREAU.
UN PRUSSIEN.
UN GRAND DUC.
CES DAMES.

Le lecteur est prié de ne point chercher ici de personnalités. Ces marionnettes ne figurent pas les membres du récent Congrès de Lausanne; ce sont des types comiques et des personnages historiques, assemblés par la fantaisie de l'auteur, dans l'unique intention d'exprimer quelques doutes au sujet de la paix universelle et perpétuelle.

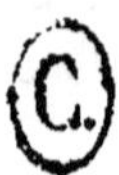

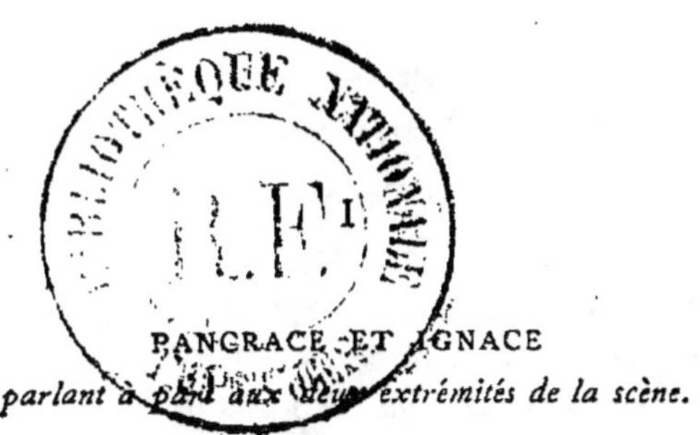

PANCRACE ET IGNACE

parlant à part aux deux extrémités de la scène.

Pancrace.

Je suis penseur et philanthrope
Et je plains fort la vieille Europe.

Ignace.

Je suis un croyant bien nourri,
Et pour moi le monde est pourri.

Pancrace.

O renversement sophistique
De toute la dialectique!

Ignace.

O démoralisation
De la civilisation!

Pancrace (*apercevant Ignace*).

Quel est cet homme à large mante
Qui dans son rabat se lamente?
(*Il l'aborde.*)
Seigneur abbé...

Ignace.

Seigneur docteur...

Ensemble (*en se saluant*).

Je suis votre humble serviteur.

Pancrace.

Votre galante Seigneurie
Ayant l'œil vif, la peau fleurie,
Un bruit d'écus dans son gousset,
Pourquoi ces cris qu'elle poussait?

Ignace.

Je gémis sur la turpitude
De l'homme et sa décrépitude.

Pancrace.

C'est aussi mon gémissement,
Gémissons donc conjointement.
Qu'est-ce que l'homme? Une patraque,
Un estomac qui se détraque;
Il lui faudrait pour cordial
Cet élément primordial
D'où jaillit à flots et ruisselle
La symphonie universelle.

Ignace.

Amen.

Pancrace.

D'où provient en effet
Que tout ici-bas soit défait?
C'est que la guerre est partout. Guerre
Entre l'élite et le vulgaire,
Entre la poigne et le cerveau,
Entre le vieux et le nouveau.
La race brune se courrouce

Atrocement contre la rousse;
Tel peuple qui parle en crachant
Hait ceux dont la langue est un chant;
Enfin le moindre corpuscule
En heurte un autre et le bouscule...
Il convient donc qu'un vaste hymen
Attache les hommes.

Ignace.

Amen!

Pancrace.

Voulez-vous être de la noce?

Ignace.

J'offre à qui veut mon sacerdoce,
Mais comment ferez-vous ici
Pour assurer la paix?

Pancrace.

Voici,
Cher abbé, rien n'est plus facile.
Je convoque un libre concile
Où les plus hardis babillards,
Filles, veuves, gamins, vieillards,
Pourront sans gêne et sans contrôle,
Ouvrant la bouche à tour de rôle,
Exhaler des mots superflus
Une, deux, trois heures et plus,
D'une voix monotone et lente,
Sur le royaume de Salente.
Leur langue prenant ses ébats,
La paix doit régner ici-bas,

Car les gens s'aiment d'amour tendre
Dès qu'ils parviennent à s'entendre;
Donc, afin d'être tous contents,
Il faut qu'ils s'entendent longtemps.

Ignace.

Amen!

Pancrace.

C'est grâce à la parlotte
Que l'Etat chemine et boulotte;
Le peuple vit paisiblement
Dès qu'il possède un Parlement;
Le plus féroce démocrate
Ne se bat pas tant qu'il orate...
Mais le silence est malfaisant;
On fait le mal en se taisant:
Les filous, les brigands nocturnes,
Les conquérants sont taciturnes,
Et ce sont les muets toujours
Qu'on voit taper comme des sourds.

Ignace.

Amen!

*

Pancrace (*appelant tous les personnages*).

Sous le joug militaire
Veut-on parler? On doit se taire...
Mais viens à nous, arrive, accours,
Sainte famille humanitaire!
Nous prêtons l'oreille aux discours,
Même aux moins courts!

Avec la petite vérole,
Le canon Krupp et le pétrole
Sont rentrés au pays germain.
Les orateurs ont la parole
Sur le bonheur du genre humain,
Jusqu'à demain.
(*Tous les personnages entrent*).

Tous (*en chœur*).

S'il faut qu'on pérore
Immodérément
Et jusqu'à l'aurore,
Allons-y gaîment!

*

Pancrace (*à l'assemblée*).

Bonjour, mes amis. Je vous aime
Et je suis l'aménité même.
Aussi parmi vous je me rends
Pour apaiser vos différends,
Et vais ici me mettre en quatre
Pour vous empêcher de vous battre.
L'autre ayant si bien réussi,
Faisons notre concile aussi.
Décrétons en cette assemblée
Que la paix ne soit plus troublée,
Et nous verrons régner l'amour...
Mais que chacun parle à son tour.
(*à Chicaneau.*)
Toi d'abord, vieux, dis ton rosaire.

Chicaneau.

Je suis réduit à la misère.

Pancrace.

Tant pis.

Chicaneau.

J'ai, denier par denier,
Tout perdu; j'habite un grenier.

Pancrace.

Qui t'a mis en cette détresse?

Chicaneau.

La chicane, horrible traîtresse.
Quatorze avocats sacripants,
S'étant nourris à mes dépens,
M'ont pris ma dernière bouchée.
Ma fortune était ébréchée
Par maint et maint procès perdu...
J'en gagnai trois : je suis fondu.

Pancrace.

Mais que puis-je y faire?

Chicaneau.

En ce monde
Voulez-vous que la paix se fonde?
Tenez-vous vraiment au succès?
Il faut prohiber les procès.

L'Intimé.

Tout beau! voudrait-on d'aventure
Supprimer la magistrature
Et la tribune et le Forum?
Ah! taisez-vous, par decorum!
Hé quoi! citoyens, citoyennes,

Les infâmes classes moyennes,
Vivant des maux que nous souffrons,
Buvant la sueur de nos fronts,
Voudraient nous forcer à nous taire?
On se taira... six pieds sous terre!
Depuis mon fameux plaidoyer
Qui sauva le chien du foyer,
De partout on me crie : à l'aide!
Je plaide, je plaide... je plaide...
C'est moi qui défends, citoyens,
Les veuves, les murs mitoyens;
Je rends, par mes discours sincères,
Les gueux, les escrocs, les faussaires
A la société, je rends
Le parricide à ses parents!

Ignace.

Avocat, ton esprit s'égare.
Au fait en trois mots, sinon gare!

L'Intimé (*montrant Chicaneau*).

Soit, au fait. Ce vieux turlupin
Voudrait m'ôter mon gagnepain.
Plus de procès : voilà sa thèse.
Mais, ventre saint-gris, qu'il se taise!...
Ou mon bras, qui se dégourdit,
Lui cassera les reins. — J'ai dit.

Pancrace (*à Argan*).

Et toi, spectre, qu'as-tu, de grâce?

Argan.

J'avais la mine ronde et grasse;

Je trônais parmi les joufflus
Avec trois mentons superflus,
J'avais une aimable bedaine
Et j'aimais la calembredaine...
Maintenant, déchu de mon rang,
Me voilà plat comme un hareng;
La médecine, cette ogresse,
A dévoré toute ma graisse;
Elle m'a tant saigné, purgé,
Pressé, creusé, vidé, rongé,
Que rien qu'à voir ma face blême,
On pâlit et maigrit soi-même.

Pancrace.

Que veux-tu que j'y fasse?

Argan.

Il faut,
Par un décret tombant de haut,
Prohiber qu'on nous assassine
En proscrivant la médecine.

Purgon.

Oui da? Voilà de beaux desseins!
Et que feront les médecins?
Voyez-vous cet âne à deux pattes,
Vil suppôt des homœopathes,
Blasphémant d'un ton négatif
La saignée et le purgatif!
Halte là! puisqu'enfin, pécore,
Malgré nos soins tu vis encore,
Et tu pousses des grognements

Après tant de médicaments,
Souviens-toi que j'ai pour sicaires
Des légions d'apothicaires
Qui te feront bien rester coi,
Etant armés... tu sais de quoi!

Ignace.

L'affreuse engeance que la nôtre!
Le mal de l'un fait vivre l'autre.—
Empêchez-les de se manger!

Pancrace.

Tout peut encore s'arranger.

Arnolphe (*intervenant*).

Il est un moyen, ce me semble,
De nous faire bien vivre ensemble,
Tous, jeune et vieux, grand et petit,
Dîner du meilleur appétit,
Digérer dans l'après-dînée,
Dormir la grasse matinée,
Nous éveiller frais et dispos,
Enfin nous tenir en repos,
Et de nos maisons sans querelles
Faire des nids de tourterelles
Où toujours, l'un à l'autre uni...

Ignace.

As-tu, lambin, bientôt fini?
Sers vite et chaud, car tu m'affames.

Arnolphe.

Il faut emprisonner les femmes.

Agnès (*intervenant*).

Plaît-il?

Arnolphe.

Oui certe, et j'ai raison.
Il faut mettre à chaque maison
Des verrous, des barreaux, des grilles
Pour bien garder femmes et filles.
La clé des champs est leur dada,
Il faut qu'on la leur ôte.

Agnès.

Oui da?

George Dandin (*à Arnolphe*).

Tout bien pesé, mon cher confrère,
Je ne suis pas d'avis contraire,
Mais, de plus, un Etat prudent
Doit prévenir tout accident,
Et, d'une rigueur sans égale,
Veiller sur la foi conjugale,
Afin que, si les verts galants
Exercent chez nous leurs talents,
Ils soient arrêtés sans conteste,
Jugés et pendus.

Clitandre (*intervenant*).

Je proteste!

Arnolphe (*à Pancrace*).

Car vous savez qu'en général
Le sexe faible est immoral,
Que nous devons à ces sournoises
Tous les maux : brouilles, troubles, noises,

Disputes, procès et combats,
Tous les tocsins, les branle-bas,
Les fléaux que l'enfer octroie,
Sans compter la guerre de Troie...
Qu'enfin toute rébellion
A pour bannière un cotillon.

George Dandin.

Et si la race humaine endêve
Par la faute des filles d'Eve,
N'oublions pas que le serpent
Fut un effronté sacripant
Qui traita notre premier père
D'une façon qui m'exaspère,
D'autant que l'exemple a servi
Et qu'on l'a beaucoup trop suivi.

Arnolphe.

Par tous ces motifs, je réclame
Qu'on mette en prison chaque femme.

George Dandin.

Et, pour rendre à chacun son dû,
Que tout galantin soit pendu.

Agnès (*à Arnolphe*).

C'est fini?

Clitandre (*à Agnès*).

Pardon, chère belle,
Permettez qu'avant vous je bèle.
On veut nous pendre? Eh! palsembleu,
Eteignez d'abord le ciel bleu,
Supprimez après les pelouses

Et les jalouses Andalouses,
Retranchez les cœurs palpitants,
Et les printemps, et les vingt ans,
Désarçonnez les cavalcades
Des alcades sous les arcades,
Brûlez enfin la vieille tour
Où tour à tour on fait l'amour,
Et quand nous n'aurons plus d'idoles,
De girandoles, de gondoles,
De val ombreux, de bois obscur,
Ni de lac pur aux flots d'azur,
Ni de galères capitanes,
Molles tartanes des sultanes...

Ignace (*interrompant Clitandre*).

Si tu vas toujours ton chemin,
Nous en aurons jusqu'à demain.

Clitandre.

Je conclus donc. Votre inclémence
Détruirait bientôt la romance
Et, dans le monde où nous allons,
Fermerait sous peu les salons.
On veut nous mettre à la potence:
Mais qui porterait la sentence?
Qui la signerait sans terreur?
Est-il un juge, un procureur,
Qui naguère, en son âge tendre,
N'ait été quelque peu Clitandre?
Ils firent bien : vive les fous!
Nos enfants feront comme nous,
Nous avons fait comme nos pères

Qui, dans des temps bien plus prospères,
Avaient fait comme leurs aïeux.
Laissez donc : tout est pour le mieux !

Agnès.

A mon tour et changeons de note !
Je ne suis plus cette linotte
A qui tout paraissait péché...
Le monde marche, et j'ai marché.
La femme aujourd'hui vous domine,
Non plus seulement par la mine,
Mais par l'esprit, le cœur, le goût,
L'œil, le bras, la main, le front, tout !

Pancrace.

Peste, quel ton !

Agnès.

Je parle en femme.
Je n'entends plus qu'on nous diffame.
Assez longtemps nos souverains
Nous ont tenu l'épée aux reins...
A notre tour nous allons, drôles,
Intervertir enfin les rôles.
(*à Arnolphe*)
A moi le sceptre et le bâton,
A toi l'aiguille et le coton ;
En fermant sur toi la poterne,
Je sors — tu m'entends, subalterne ! —
Toi, reste au foyer, je le veux,
Et tricote-moi des bas bleus !

Pancrace.

Or ça, que doit-on faire en somme ?

Arnolphe.

Cloîtrer la femme.

Agnès.

Attacher l'homme.

Pancrace.

Parfaitement.

Clitandre.

Tromper les vieux.

George Dandin.

Pendre les jeunes.

Pancrace.

Toujours mieux!

Cartouche (*intervenant*).

Près de moi, par miséricorde,
Ne parlez donc jamais de corde!
Mais voulez-vous, mes chers messieurs,
Voir la paix régner sous les cieux,
Et réjouir votre existence?
Il faut abattre la potence!

Le Bourreau.

Cet avis-là me déplaît fort...
Je suis pour la peine de mort.

Cartouche.

Puisqu'il faut que chacun se montre
Je le dis bien haut, je suis contre.

Robert Macaire.

Abattre le gibet n'est rien

Qu'un pas timoré vers le bien;
On doit, par des lois tutélaires,
Dépeupler d'abord les galères,
Où tant de gens de qualité
Ont perdu leur moralité.
Par ces raisons, je vous en prie,
Supprimez la gendarmerie!

M. Prudhomme.

La gendarmerie, à mes yeux,
Est un sacerdoce, messieurs:
Je n'entends pas qu'on ose y mordre,
Car je suis le parti de l'ordre...

Marat.

Tête et sang!

Jean-Jacques (*à Marat*).

Ne sois pas si prompt!
C'est le luxe qui nous corrompt,
Détruisons d abord ce qui brille!...

Un bijoutier (*à Jean-Jacques*).

Mais tu nourriras ma famille...

Caton l'ancien.

Il faut aussi fermer partout
Les maisons de jeu.

Un grand duc.

Pas du tout!

Ces dames.

Que feront, sans bains ni roulettes,
En été les blanches poulettes?

Caton l'ancien.

Il faut à ces jolis oiseaux
Qui nous plument, le Bois, les Eaux...

La mère des Gracques.

Tubleu, ma rage éclate et gronde!
Chassez-moi tout ce demi-monde!

Un orateur (*à la mère des Gracques*).

Tout doux! madame. Nous poussions
Sur lui tant d'imprécations :
Honte, horreur, justice, vengeance!...
Si vous extirpez cette engeance,
Vous perdrez les plus beaux effets
De trois cents discours que j'ai faits.

Cobden.

Hélas! que de sottes pensées
Et de paroles dépensées!
La paix viendra si désormais
On rit des casques, des plumets
Et des soldatesques manières
Qui ravissent les cuisinières.

Un Prussien (*en colère*).

Mort à qui raille les lauriers
Dont se sont couverts nos guerriers,
Qui les ont avec tant de gloire
Pris sur l'autel de la victoire!
Le seul grand pays, c'est le mien,
Et succès rime avec Prussien!

Pancrace (*au Prussien*).

Asseyez-vous!

(*Montrant Lazare et Million*)

Là-bas, dans l'ombre
Je vois deux rôdeurs à l'air sombre,
L'un très-vêtu, l'autre assez peu,
Se lançant des regards de feu.

(*à Lazare*)

Hé, l'ami, qu'as-tu ?

Lazare.

Je grelotte.

Pancrace (*à Million*).

Et toi, qu'as-tu donc ?

Million.

Je tremblotte.

Pancrace.

Pourquoi ?... Répondrez-vous, enfin ?

Lazare.

Moi, j'ai froid, parce que j'ai faim.

Pancrace (*à Million*).

Mais toi, l'homme à la riche panse,
Tu n'es point affamé, je pense ?
Secouons-nous ! quelle torpeur !

Million.

Moi, j'ai froid parce que j'ai peur.

Pancrace.

Mais enfin quelle est votre peine
Et pourquoi ces regards de haine ?

Million (*montrant Lazare*).

Parce qu'il a faim de mon pain.

Lazare (*montrant Million*).

Parce qu'il a peur de ma faim.

Pancrace.

Qu'on s'entr'aide alors, qu'on s'assemble,
Rapprochez-vous, soupez ensemble!

Million.

Non, je veux pour moi tout mon bien!

Lazare.

Plutôt que d'en accepter rien,
Je vendrais jusqu'à ma chemise!

Pancrace.

Peste! la paix est compromise.

Ignace.

C'est que la base fait défaut.

Pancrace.

D'accord, c'est parler comme il faut.

Ignace.

Hé bien! sans calembour, la pierre
Fondamentale, c'est saint Pierre.

Pancrace.

Profonde erreur! c'est le dieu Pan.

Ignace.

Le dieu Pan n'est qu'un chenapan.

Pancrace.

Plaît-il?

Ignace.

Et la philosophie,
Une extravagance bouffie !

Pancrace.

Vous le prenez bien haut !

Ignace.

Docteur,
Je crois le prendre à ma hauteur.

Pancrace.

Mais avec ta foi trop docile,
Tu mets Dieu dehors, imbécile !

Ignace.

Toi, filou, tu le mets dedans.
Je veux, pour tes airs impudents,
Que sur un bûcher l'on te juche.

Pancrace.

De grand cœur, si tu sers de bûche.

Ignace.

Drôle !

Pancrace.

Gueux !

Ignace.

Maraud !

Pancrace.

Cuistre épais !

(Ils se battent)

*

Le Chœur.

Voilà donc nos prêcheurs de paix?
Faisons comme eux, mille tonnerres!
Médecins, valétudinaires,
Plaideurs, avocats, fins museaux,
Maris, dames et damoiseaux,
Loqueteux et millionnaires,
A grands coups rompons-nous les os!
(*Tout le monde se bat.*)

*

Mars (*dieu des armées*).

Bon! la bataille est engagée...
Mais elle devient enragée
Et les poings de ces fiers lurons
Sont des marteaux de forgerons;
Pharsale ni les Thermopyles
N'ont jamais vu si fortes piles...
Morbleu, vive les combattants!
Je retourne à mon jeune temps...
Ma foi, tant pis! Sans crier gare
Je vais entrer dans la bagarre,
Et sur tous ces partis divers
Taper à tort et à travers!

* * *

II

(*Après la bataille.*)

Le Chœur.

Hélas, hélas ! Parmi les hommes
Tous ceux qui frappent sont frappés ;
Hélas, hélas ! c'est nous qui sommes
Le chœur plaintif des éclopés.

L'Intimé.

Gousset, argent, montre et breloques,
J'ai tout perdu, je suis en loques :
Rossé, moulu, saigné, plumé,
Qui reconnaîtrait l'Intimé ?

Chicaneau.

Je l'ai battu, mais ces taloches
N'ont rien apporté dans mes poches :
J'ai paru, j'ai vu, j'ai vaincu
Sans regagner un seul écu ;
Après m'être couvert de gloire,
Je ne sais où manger et boire...
A l'hospice enfin j'ai couché,
Et j'ai de plus un œil poché.

Purgon.

Pour moi, mon coquin de malade,
M'a mis la tête en marmelade
En sautant sur moi d'un tel bond...
La peste soit du moribond !...

Argan.

Mais j'ai repris dans la mêlée
Ma toux qui s'en était allée.
En le rouant comme un démon,
J'ai craché mon dernier poumon.

George Dandin.

Moi, j'ai dans le cœur un orage.

Arnolphe.

Et moi, je suis gonflé de rage.

George Dandin.

Clitandre, quand je l'empoignais...

Arnolphe.

S'est fait enlever par Agnès.

Million.

Ah ! je tremblotte.

Lazare.

Ah ! je grelotte.

Million (*montrant Lazare*).

Il m'a pris jusqu'à ma culotte,
Je n'ai plus un membre vivant...

Lazare.

J'ai plus froid, j'ai plus faim qu'avant.

Ignace.

Et moi donc ? j'ai dans la querelle
Perdu ma vertu temporelle.

Pancrace.

C'est votre faute. A tous propos

Je criais : Vivez en repos,
Aimez-vous, ayez le cœur tendre !
Mais bah! nul n'a voulu m'entendre...

Ignace (*à Pancrace*).

Pas même toi qui sottement
Reçus ta part d'éreintement.

Arnolphe.

Mais que font Agnès et Clitandre?

George Dandin.

Ils se battent probablement.

* * *

Chœur.
(*Parabase.*)

C'est pourquoi, messieurs du parterre,
Ne vous disputez pas la terre.
Ayez l'estomac libre et sain
Et moquez-vous du médecin ;
Que nul entre vous ne dérobe,
Et moquez-vous des gens de robe ;
Aimez les dieux et les mortels
Sans regarder sous les autels !...
Tends ta main pleine au pauvre monde
Et dors en paix quand le vent gronde ;
Prends sous ton manteau le frileux
Et vous aurez chaud tous les deux !
Enfin buvons frais, pas de jeûnes,
Et surtout marions-nous jeunes :

C'est le moyen, je m'y connais,
D'enfermer chez soi les Agnès.
Sur ce, messieurs des galeries,
Je rends grâce à vos seigneuries
D'écouter si bien mes avis
Qui ne seront jamais suivis.

FIN.

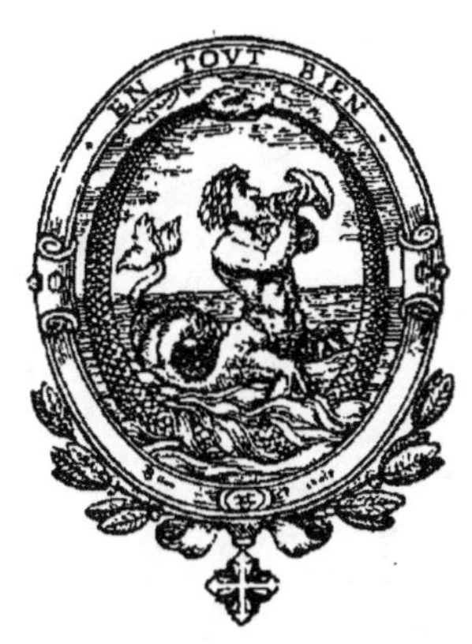

GENÈVE, IMPRIMERIE JULES-G. FICK.

LIBRAIRIE F. RICHARD, GENÈVE

DU MÊME AUTEUR:

THEATRE DE MARIONNETTES, avec une préface de VICTOR CHERBULIEZ. 1 vol. in-18, sur papier teinté, fr. 4; sur papier blanc, fr. 3. 50.

FAUST, tragédie de marionnettes. fr. 1.

LE CONGRÈS DE LA PAIX (satire), par VICTOR TISSOT, fr. 1.

www.ingramcontent.com/pod-product-compliance
Lightning Source LLC
LaVergne TN
LVHW020630110826
845149LV00004B/1122

* 9 7 8 2 0 1 9 1 6 3 1 1 2 *